병원 도구는 환자가
얼마나 아픈지 진단하고
환자를 치료하는 데 쓰여.

글 곽민수

고려대학교에서 서양사를 공부했습니다. 호기심이 많고 이야기 만드는 것을 아주 좋아합니다.
쓴 책으로 <통통 세계사>, <서로 달라서 더 아름다운 세상> 등이 있으며, 쓰고 그린 책으로
<아주아주 센 모기약이 발명된다면?>이 있습니다.

그림 유창창

현재 만화가이자 화가, 일러스트레이터로 활동하고 있고, 만화책 <두부>를 냈습니다. 세 번의 개인전을 선보였고, 2017년 '종근당 예술지상' 작가로 선정되었습니다.
그린 책으로 <정신 차려, 맹맹꽁!>, 〈달려라 전자야〉 등이 있습니다.

감수 윤혜경

서울대학교 사범대학 물리교육과를 졸업하고, 동 대학원에서 박사 학위를 받았습니다.
현재 춘천교육대학교 교수로 재직 중이며, 국내외 학술지에 과학 교육에 대한 다수의 논문을 발표하였습니다.
쓴 책으로는 <과학 수업시간에 해보는 과학연극>, <초등과학을 어떻게 지도할까?>, <과학적 추론과 논증활동> 등이 있습니다.

기계와 도구 · 병원 도구 25 병원 도구 친구들

곽민수 글 · 유창창 그림 · 윤혜경 감수
펴낸곳 (주)아람키즈 | 펴낸이 이소영 | 주소 서울특별시 성동구 성수이로 147, 아이에스비즈타워 2F
고객센터 1644-4521 | 팩스 02-468-5548 | 홈페이지 www.aramkids.co.kr | 출판등록 제2020-000011호
기획 · 편집 · 디자인 (주)아람키즈 하늘땅
ISBN 979-11-6543-534-9 979-11-6543-574-5(세트)

병원 도구 친구들

곽민수 글 · 유창창 그림 · 윤혜경 감수

아람키즈

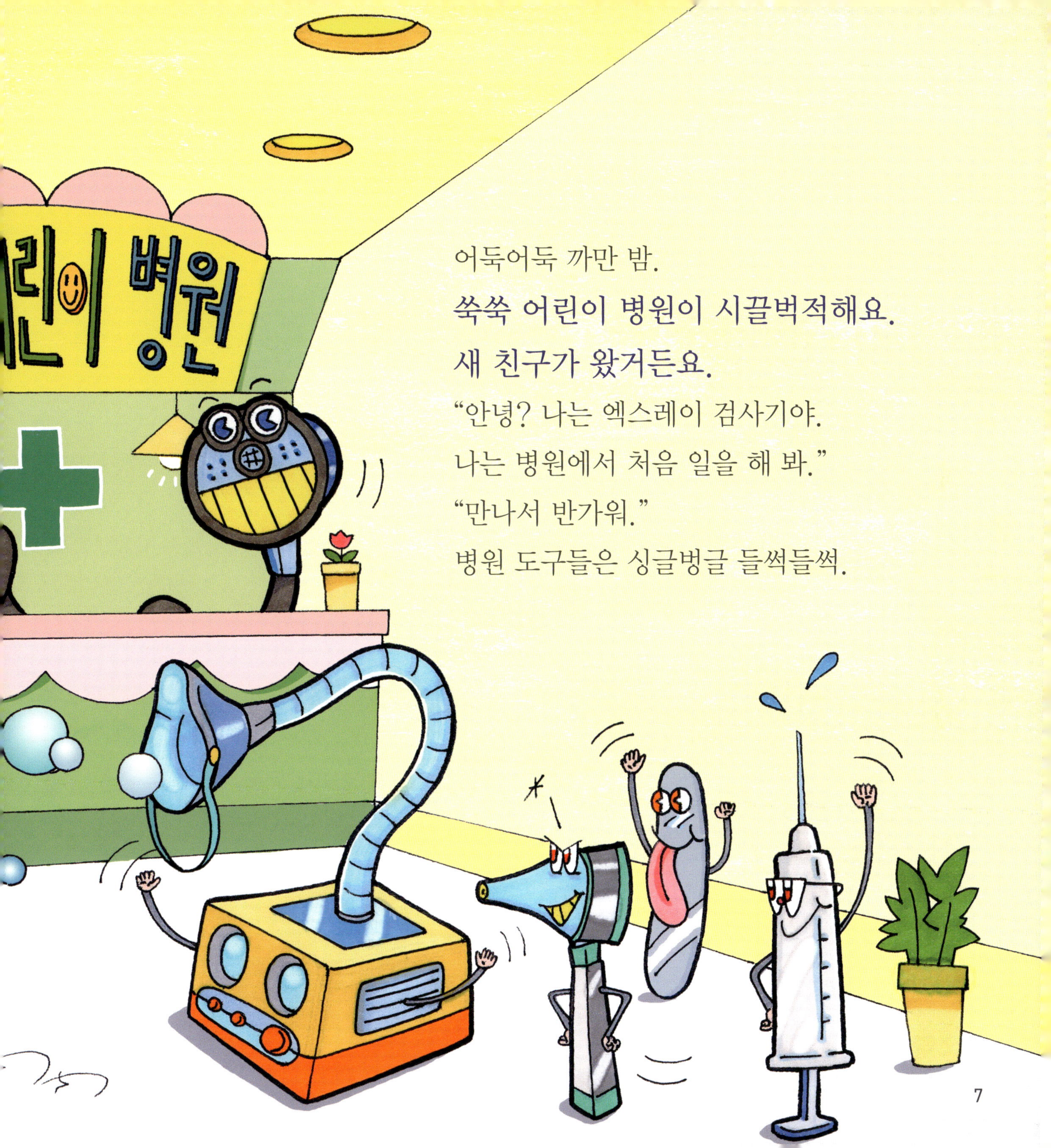

어둑어둑 까만 밤.

쑥쑥 어린이 병원이 시끌벅적해요.

새 친구가 왔거든요.

"안녕? 나는 엑스레이 검사기야.
나는 병원에서 처음 일을 해 봐."

"만나서 반가워."

병원 도구들은 싱글벙글 들썩들썩.

"그런데 여기서 누가 가장 중요한 일을 해?"

엑스레이 검사기가 눈을 동그랗게 뜨고 물었어요.

그러자 체온계가 얼른 나섰어요.

"물론 몸속의 온도를 재는 나지!

아픈 아이가 오면

내가 가장 먼저 불려 나가거든."

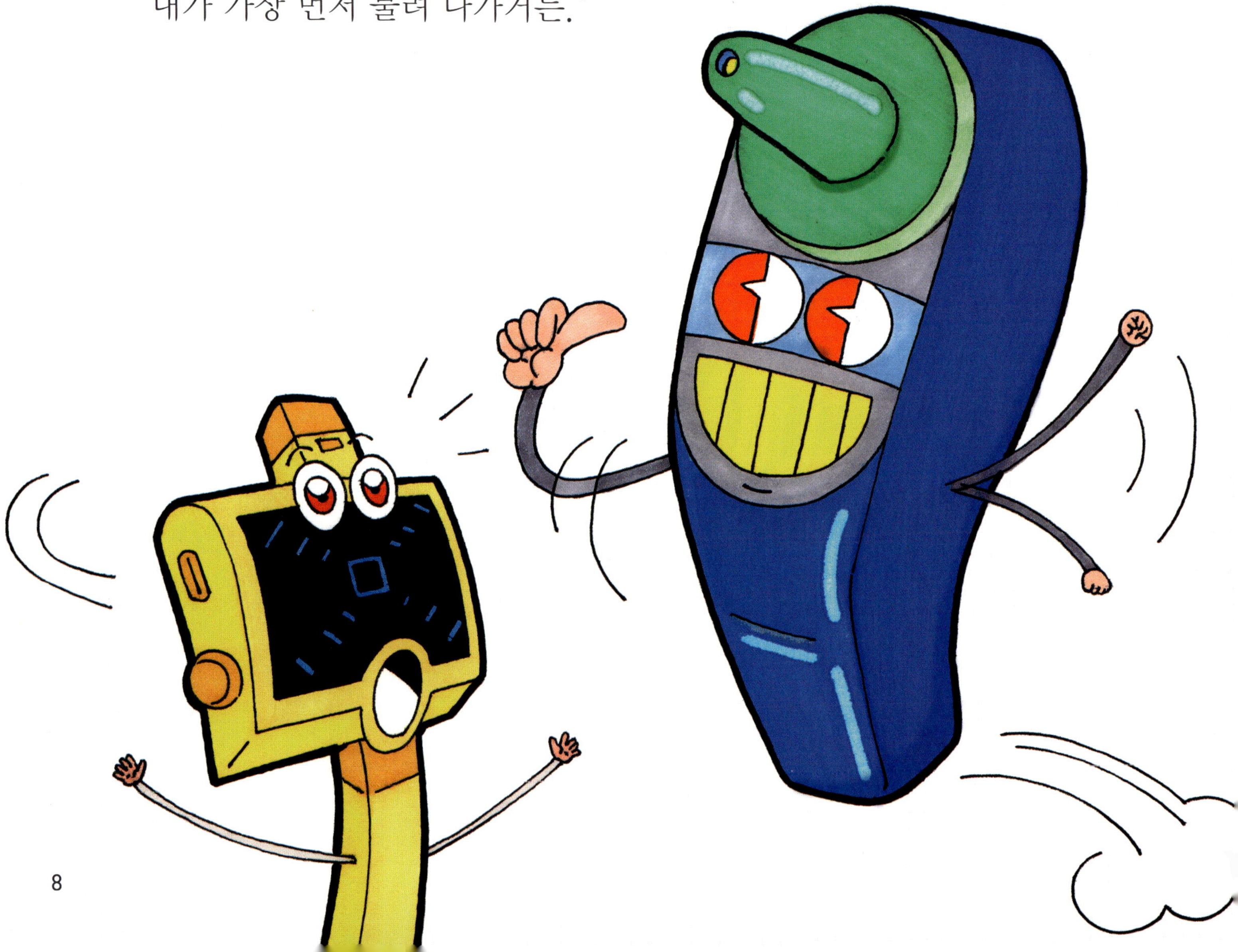

37.7

"그것보다 더 중요한 건 몸속 소리를 듣는 거야.
그래야 심장은 잘 뛰고 있는지,
숨소리는 괜찮은지 알 수 있어."
청진기가 기다란 두 팔을 흔들거리며 말했어요.

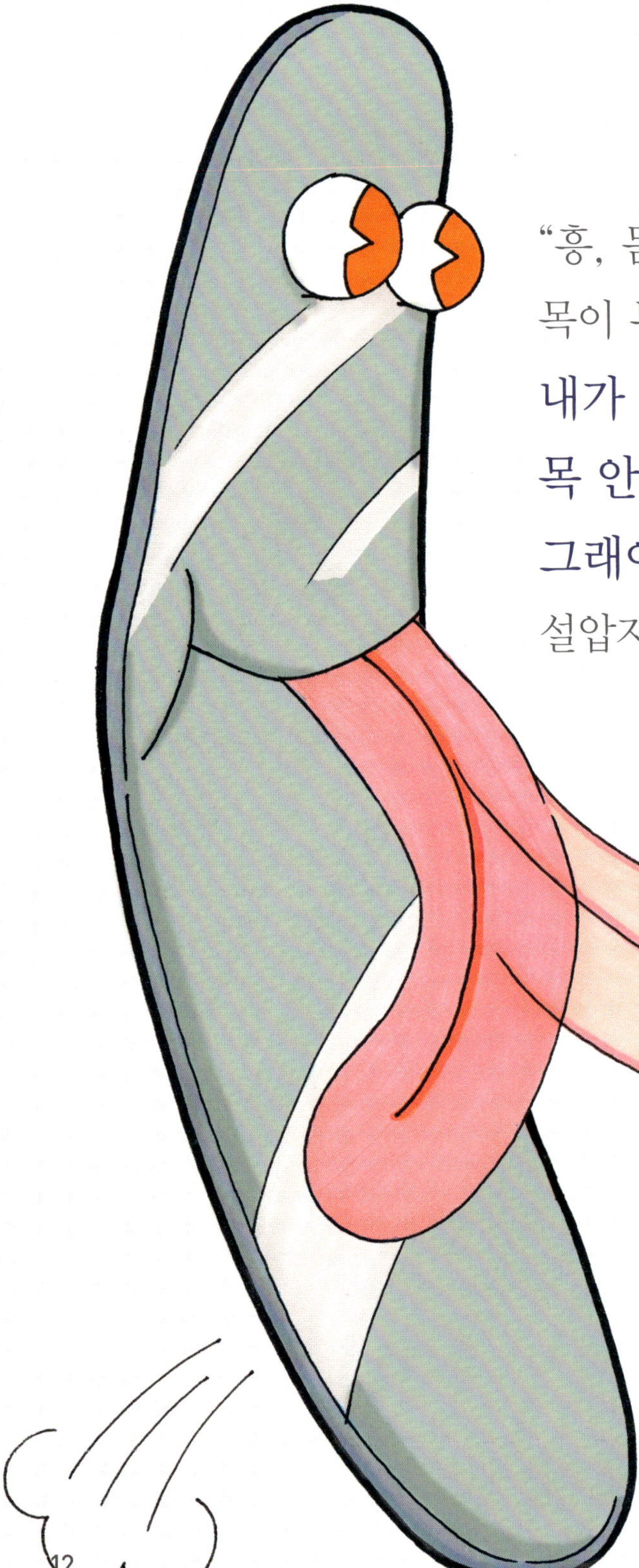

"흥, 몸속 소리를 듣는다고
목이 부었는지 아닌지 알 수 있어?
내가 혀를 꾹 눌러 줘야
목 안을 볼 수 있다고!
그래야지 목이 부었는지 아닌지 알 수 있어."
설압자가 혀를 쭉 내밀며 말했어요.

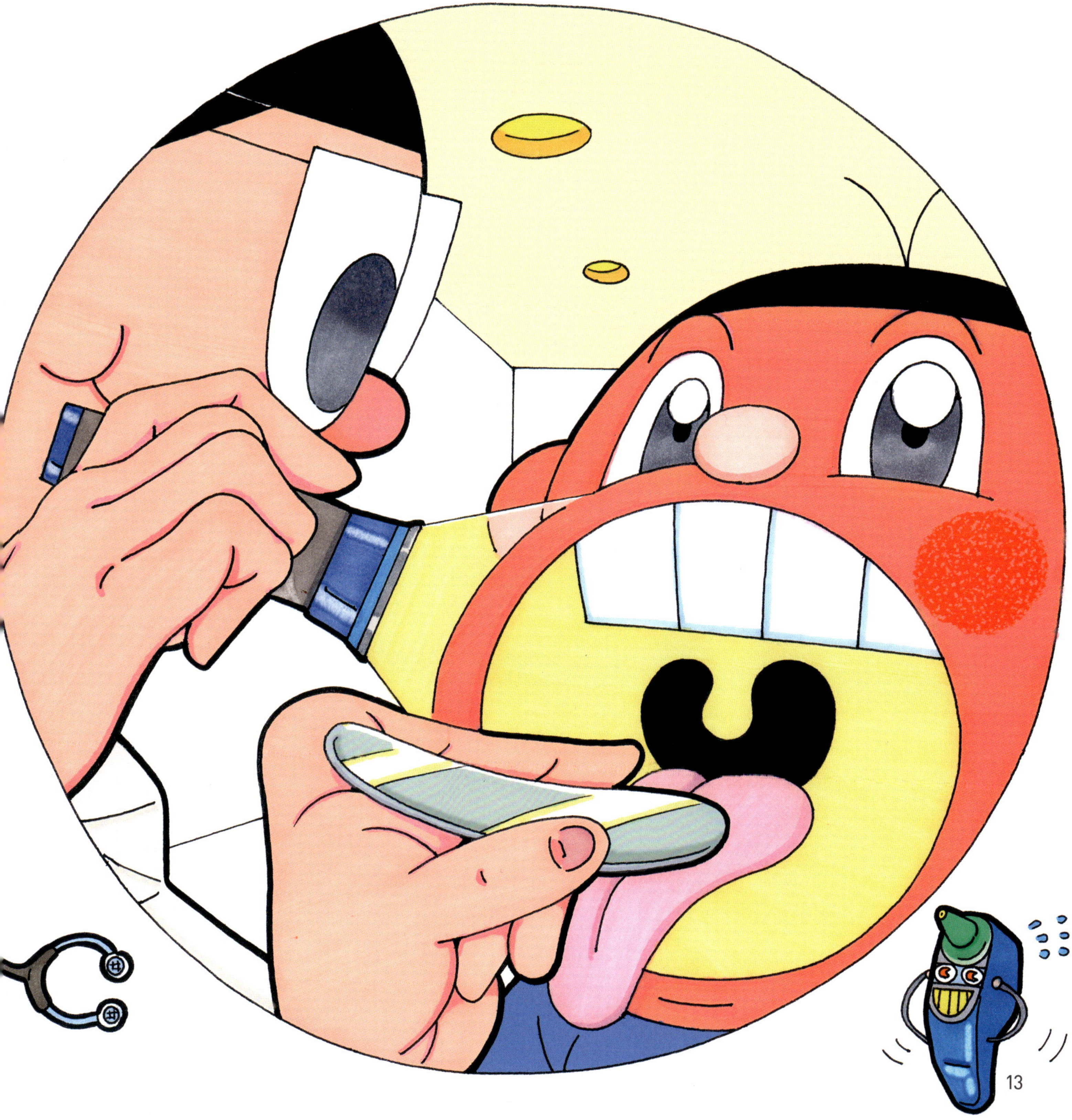

"호호, 목 안만 본다고 다 되나?

귓속도 살펴보아야지.

귓병*이 얼마나 무서운데!"

귀보개가 까딱거리며 우쭐댔어요.

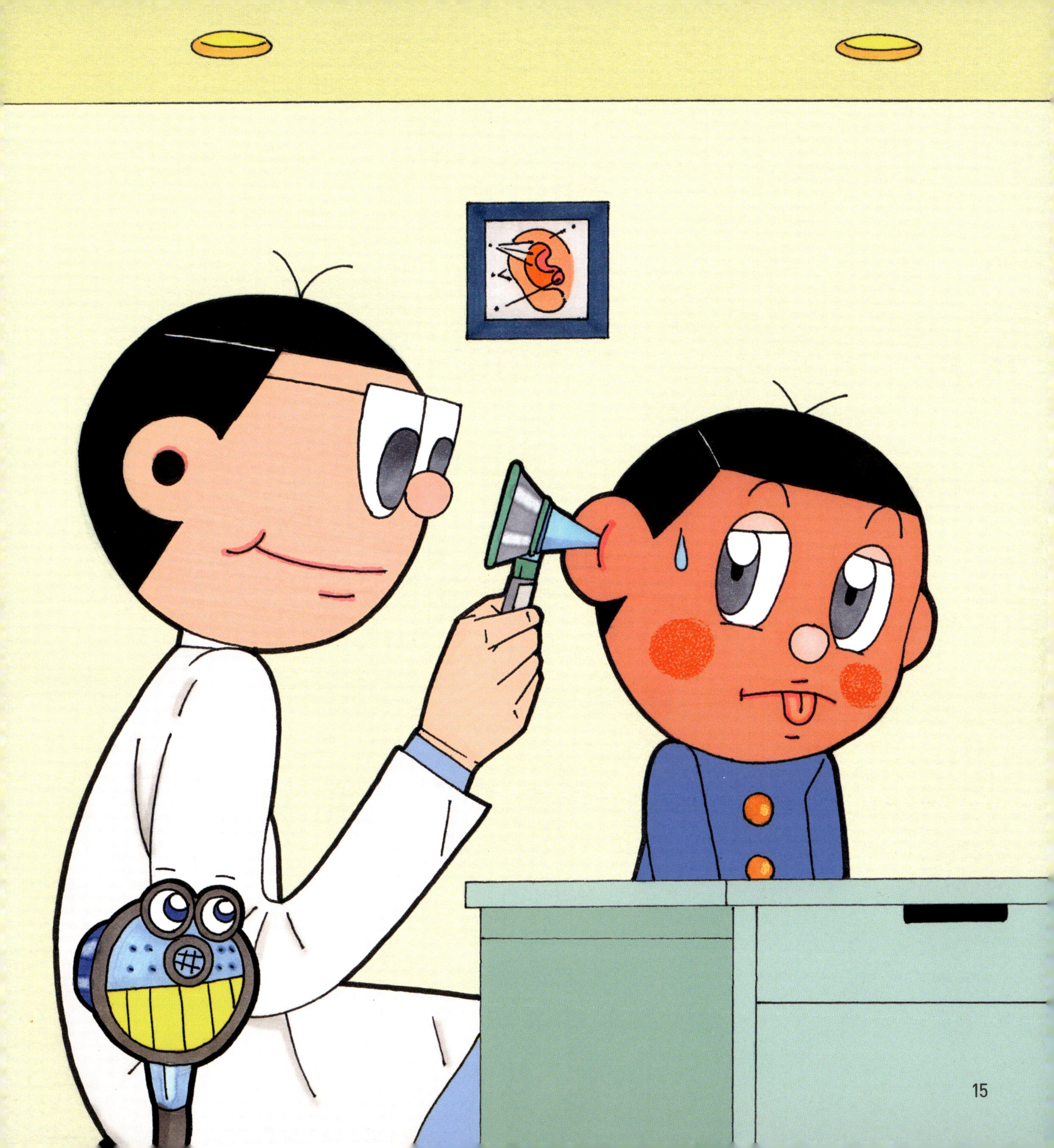

"치, 너희들이 그래 봤자
나처럼 치료를 할 수 있어?
내가 약을 안개처럼 푸우푸우
뿜어 주면 콜록콜록, 훌쩍훌쩍하던
아이들의 병이 낫는다고."
네뷸라이저가 우쭐대며 말했어요.

"흥, 치료는 나도 할 수 있어.
나는 몸속에 직접 약을 넣어
빠르게 병을 낫게 한다고!
약간 따끔하긴 하겠지만……."
주사기가 건들거리며 말했어요.

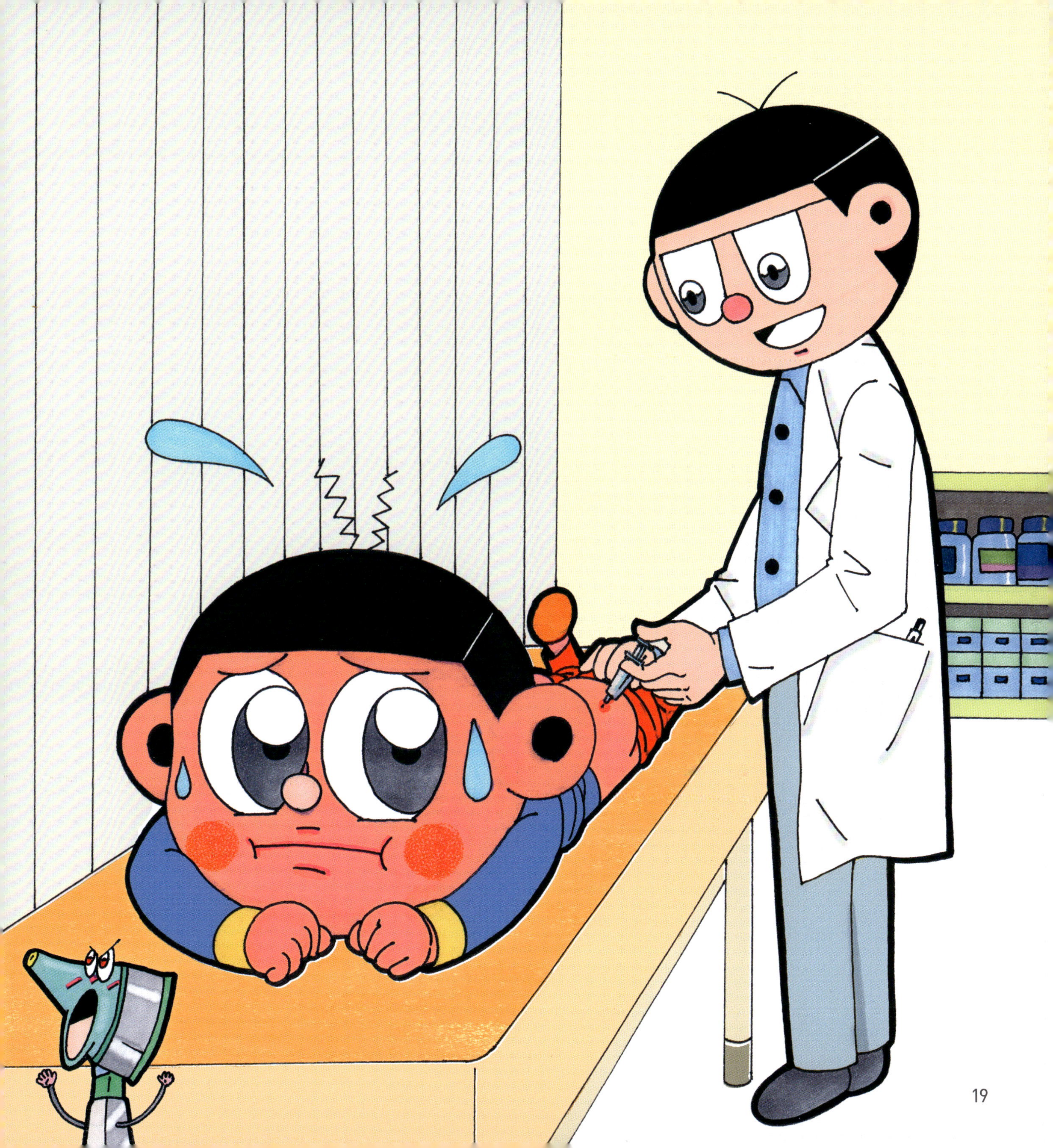

“뭐라고? 아이들이 주사기를 얼마나 무서워하는데?”
“맞아, 무서운 너보다는 내가 좀 낫지.”
“아니야, 가장 중요한 건 나야 나!”
병원 도구들이 서로 티격태격.

한참 말이 없던 엑스레이 검사기가 크게 소리쳤어요.
"내가 잘못했어.
모두 중요한 일을 하는데 괜히 물어서……."

그러자 병원 도구들은 말없이 서로 쳐다보기만 했어요.

“그런데 너는 무슨 일을 하니?”

“정말 나도 궁금해.”

“나도, 나도.”

하지만 **아무도 엑스레이 검사기가 무슨 일을 하는지 알 수 없었어요.**

엑스레이 검사기마저도요.

다음 날, 쑥쑥 어린이 병원에
아픈 아이가 왔어요.

아이는 기침을 심하게 하고 있었어요.

처음에는 체온계가
몸속 온도를 재고,
그다음엔 청진기가
몸속 소리를 듣고,
그다음엔 설압자가
혀를 눌러서 목 안을 살펴보고,
그다음엔 귀보개가
귓속을 살펴보았어요.

잠시 뒤, 의사가 말했어요.

"몸속을 찍어 봐야겠다."

그러더니 아이를 엑스레이 검사기 앞으로 데려갔어요.

위이이잉, 찰칵!

찰칵

드디어 엑스레이 검사기가
쑥쑥 어린이 병원에서
처음으로 일을 했어요.

"우아, 엑스레이 검사기도 정말 멋진데!"

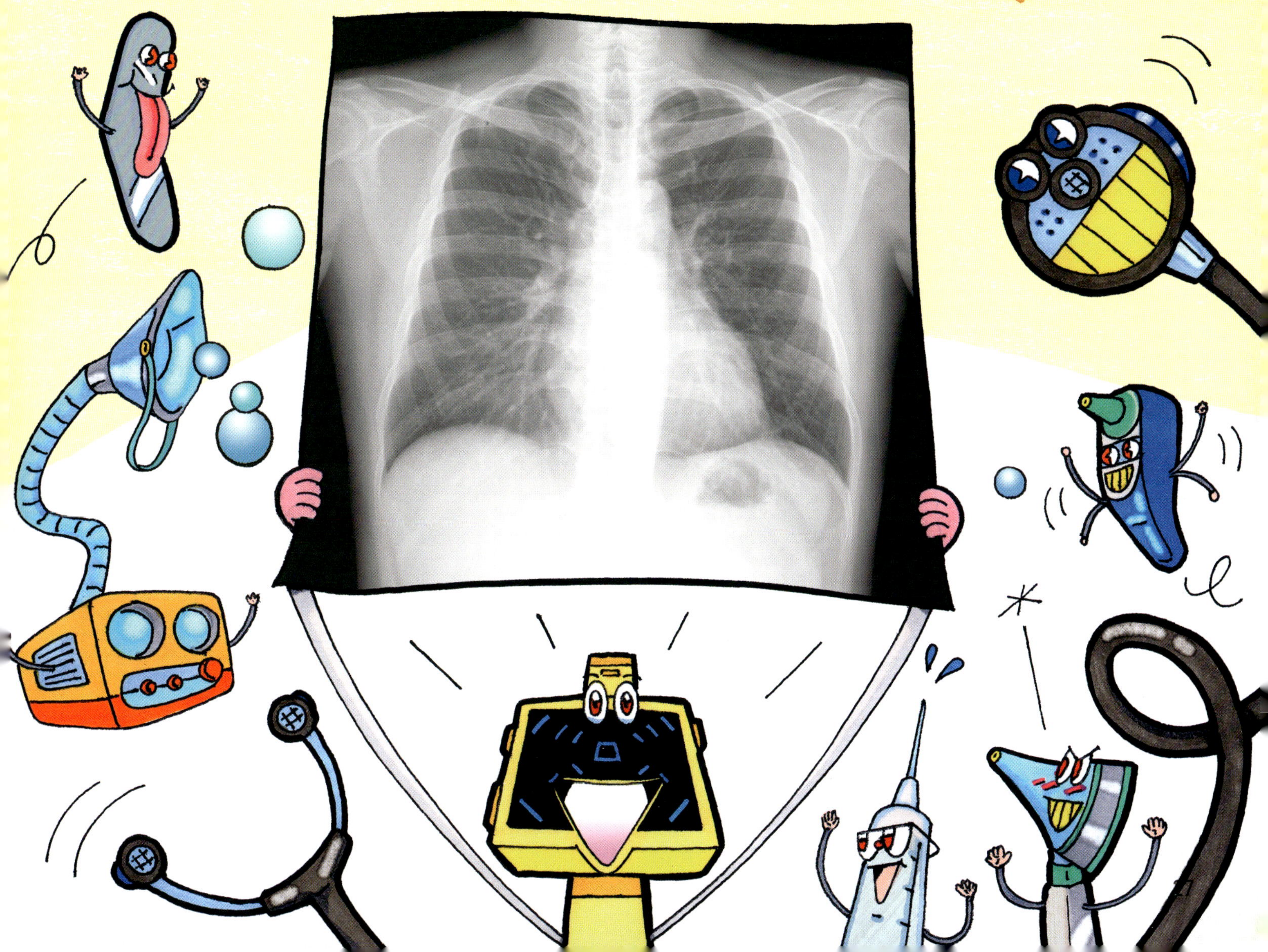

병원에는 어떤 도구들이 있을까?

병원에 가면 여러 가지 도구가 있어요. 의사가 이 도구들로 환자가 얼마나 아픈지 판단하고 병을 치료하지요. 여러 가지 병원 도구들을 살펴보아요.

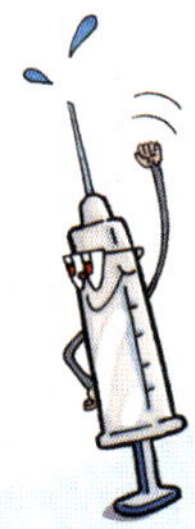

체온계

몸속의 온도인 체온을 재는 데 쓰는 온도계예요.
체온만으로도 우리 몸이 아픈지 안 아픈지를 알 수 있어요.

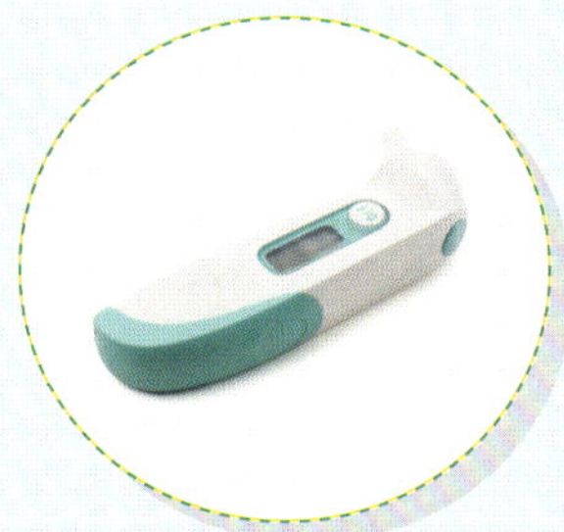

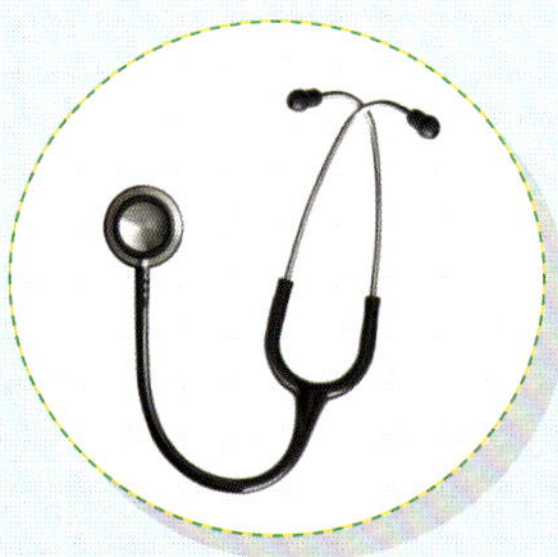

청진기

청진기는 우리 몸의 심장이 잘 뛰고 있는지 숨을 잘 쉬고 있는지를 알아보는 도구예요. 청진기는 몸속의 작은 소리를 크고 선명하게 들리게 해 주어요.

설압자

목 안을 잘 보기 위해 입안의 혀를 누르는 데 쓰는 도구예요.
주로 스테인리스강이나 나무로 만들어요.

귀보개

귀보개는 귓속을 살펴보는 데 쓰는 도구로, 귓속을 확대해서 볼 수 있는 렌즈가 달려 있어요. 어린이는 귓속에 쉽게 염증이 생기기 때문에 귀보개로 귓속을 관찰하는 것이 무척 중요해요.

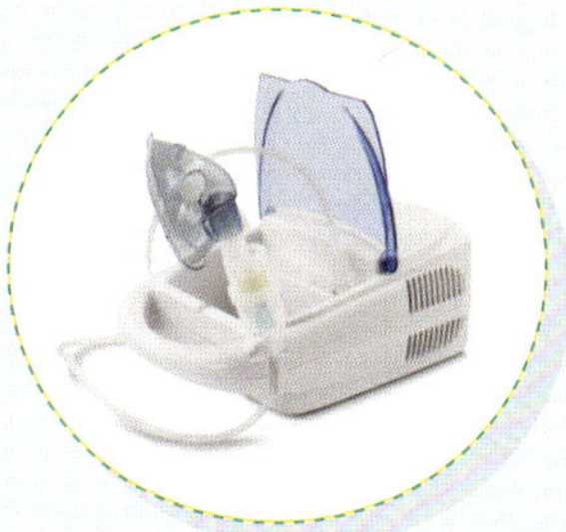

네뷸라이저

물이나 약물을 안개 모양으로 바꾸어 콧속 · 목구멍 · 기관지에 닿게 하여 호흡기를 치료하는 데 쓰지요.

주사기

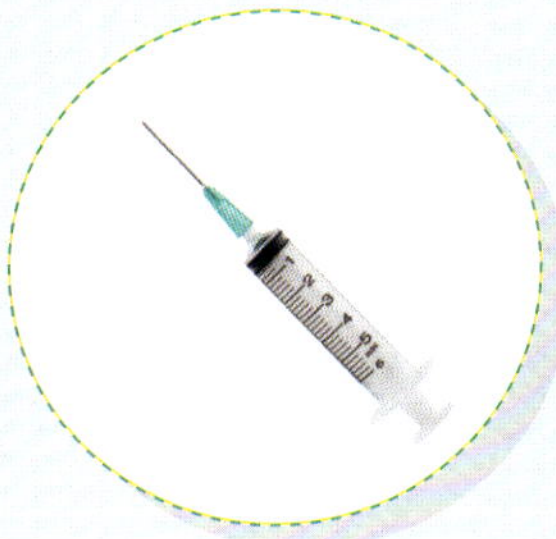

액체로 된 약을 몸속에 넣을 때 쓰는 도구예요. 주사기는 몸에 꽂는 바늘과 액체로 된 약을 밀어 넣는 피스톤으로 이루어져 있어요.

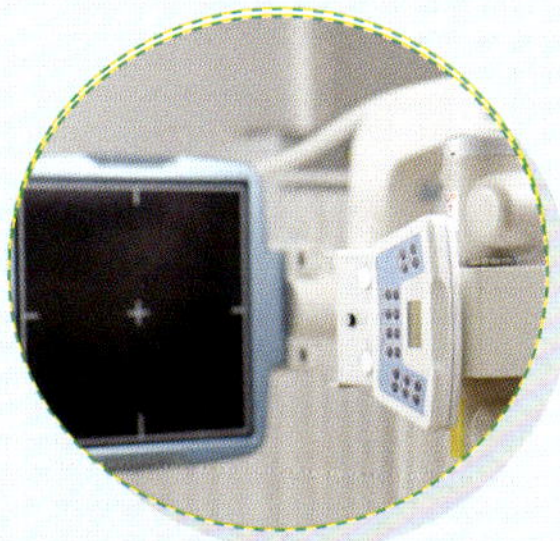

엑스레이 검사기

엑스선이 몸속을 통과하면서 몸속을 볼 수 있게 해 주는 도구예요. 뼈나 몸속 여러 기관에 이상이 있나 없나를 확인하는 데 쓰지요.

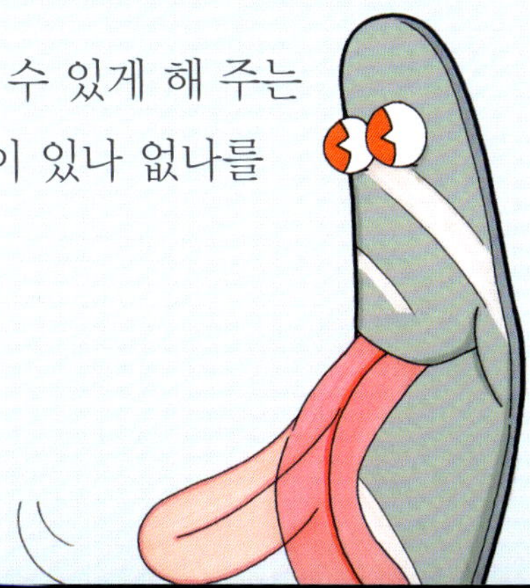

신나는 과학놀이

문제 다음 중 병원 도구의 이름이 **잘못된 것**은 어느 것일까요?

① 
체온계

② 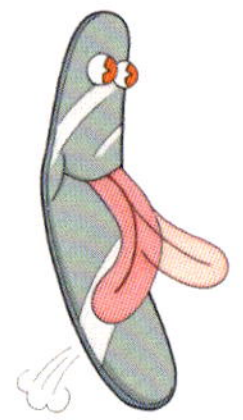
설압자

③ 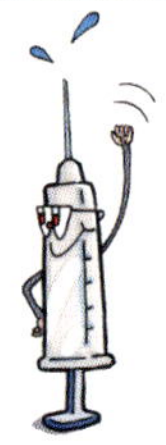
주사기

④ 
청진기

정답은? ① ② ③ ④

문제 다음 중 각각의 병원 도구의 역할이 **잘못된 것**을 고르세요.

① 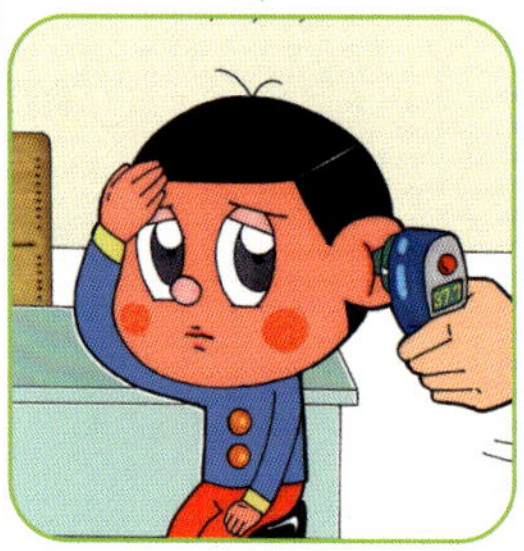

② 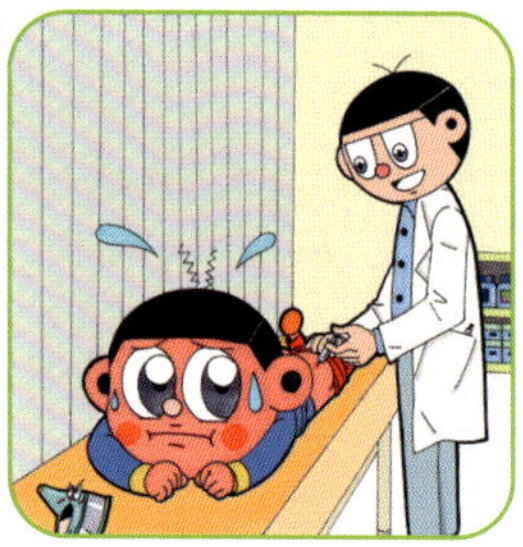

③ 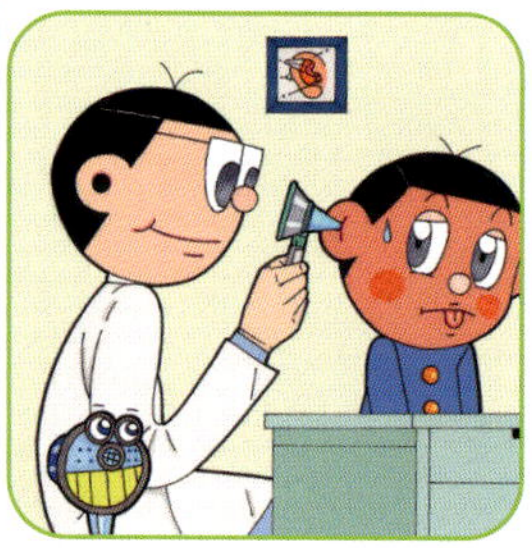

④ 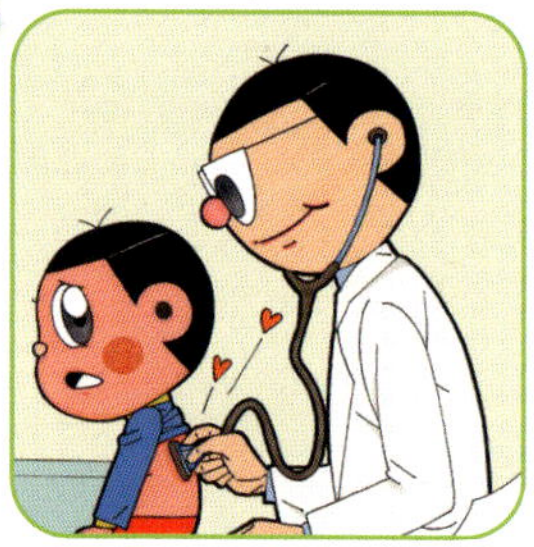

정답은? ① ② ③ ④

정답: 4, 2